少林武术精粹系列丛书

少林拳（十二）

德虔　德炎　编著

北京体育大学出版社

责任编辑：姜艳艳
责任校对：曹晓燕
版式设计：李　鹤

图书在版编目（CIP）数据

少林拳. 十二 / 德虔, 德炎编著. -- 北京 : 北京体育大学出版社, 2022.1
（少林武术精粹系列丛书）
ISBN 978-7-5644-3574-5

Ⅰ. ①少… Ⅱ. ①德… ②德… Ⅲ. ①少林拳－套路(武术) Ⅳ. ①G852.15

中国版本图书馆CIP数据核字(2022)第007600号

少林拳（十二）
SHAOLINQUAN(SHIER)
德虔　德炎　编著

出版发行：北京体育大学出版社
地　　址：北京海淀区农大南路1号院2号楼2层办公B-212
邮　　编：100084
网　　址：http://cbs.bsu.edu.cn
发 行 部：010-62989320
邮 购 部：北京体育大学出版社读者服务部 010-62989432
印　　刷：北京昌联印刷有限公司
开　　本：880mm × 1230mm　1/32
成品尺寸：148mm × 210mm
印　　张：1
字　　数：25千字
版　　次：2022年1月第1版
印　　次：2022年1月第1次印刷
定　　价：10.00元

前　言

武术作为中国的国粹，是中华民族传统文化的组成部分。家喻户晓的少林武术便是其中极具代表性的门类，是中国武术的重要象征。

我社与少林武术结缘已久，伴随着时光的流逝，有多种内容、多样组合、各种形式的载有少林武术的出版物，源源不断地从我社注入市场，为方兴未艾的少林武术热潮平添了更高的热度。可以说，少林武术图书一直与我社相伴相随，成为我社具有长期出版价值的图书门类。其中，少林武术图书的编纂者——已故的王长青（法号释德虔）先生功不可没。他经年累月锲而不舍，寻于寺院、觅于乡间，挖掘出大量尘封的少林武术资料，继而分门别类梳理、整饬成一册册书稿，并与我社携手努力，打造出独树一帜的武术图书板块，为我社的武术图书出版打开了新局面。

今天，在着力弘扬中华优秀传统文化，树立和增强文化自信的大背景下，我社将以往出版的少林武术书籍重新进行了编排，以全新的面貌推出“少林武术精粹系列丛书”，这是我社多年来少林武术出版情结的延续，是对积累和沉淀的少林武术资源的再一次整合与展示，更紧密契合了时代的要求。

通过这套书，读者可以研习刚柔相济、闪转腾挪的少林功夫，可以感悟其中凝结的中华智慧，可以领略武术文化的博大精深……这便是我社对这套书出版价值的期待。

目 录

少林金刚拳 …………………………………………………………… 1

少林金刚拳

动作名称

预备势
1. 独龙出洞
2. 金雕展翅
3. 野马弹踢
4. 怀中抱月
5. 倒踢北斗
6. 魁星抱斗
7. 野马转峰
8. 恶虎登山
9. 老虎坐洞
10. 雀地龙
11. 元帅传令
12. 恶虎登山
13. 梨花舞袖
14. 野马弹踢
15. 恶虎登山
16. 梨花舞袖
17. 野马弹踢
18. 紫燕钻云
19. 白猿孝母
20. 野马行空
21. 老君封门
22. 将军勒马
23. 黄忠抢关
24. 金龙旋云
25. 闭门推月
26. 老虎坐洞
27. 大鹏展翅
28. 野马弹踢
29. 仙人坐洞
30. 大鹏展翅
31. 野马弹踢
32. 恶虎登山
33. 恨夫来迟
34. 过关斩将
35. 罗汉铁臂
36. 黄忠抢关
37. 金雕斜展翅
38. 白猿献书（右）
39. 白猿献书（左）
40. 二郎担山
41. 金豹扣爪（右）
42. 金豹扣爪（左）
43. 大鹏斜飞
44. 白猿献书（右）
45. 二郎担山
46. 大鹏展翅
47. 青龙盘爪
48. 罗汉钻井
49. 野马转峰
50. 天鹅下蛋
51. 黄忠抢关
52. 绷手摆踢
53. 弯弓射雁
54. 迷糊手
55. 罗汉还礼
56. 罗汉合十

收　势

动作图解

预备势

身体挺直，两臂自然下垂，两手五指并拢，掌心向内，掌指向下；两腿挺直并立，两脚成八字；目视正前方。（图 1）

1. 独龙出洞

两脚踉地，身体向左转 90 度，抬右腿，原地震脚落地，同时左脚上前一步，屈膝成左弓步；两手同时变拳，由前向左向上方画弧再向下向前直臂冲出，拳心向下；目视两拳。（图 2）

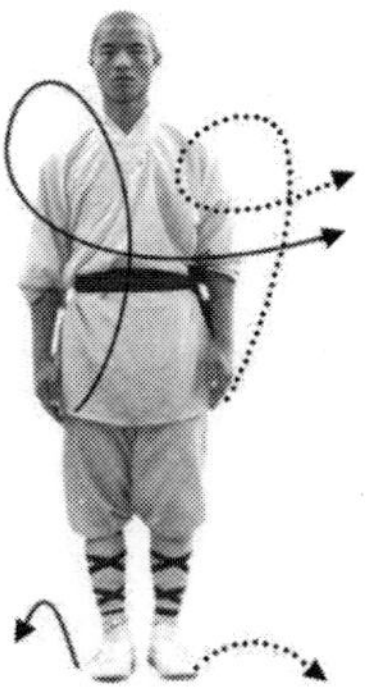

图 1

图 2

2. 金雕展翅

左脚向后收回半步，脚尖点地成左虚步，右腿屈膝半蹲；同时两拳由前向上向后再向两侧下方画弧，抱于两肋外侧，拳心向内；目视前方。（图 3）

图 3

3. 野马弹踢

右腿直立，速抬左腿向前猛力弹踢；两拳不变；目视前方。（图 4）

4. 怀中抱月

左脚在前方落地，速抬右脚上前与左脚并步站立；同时两拳迅速变掌由前向上再向两侧下方划弧外展，然后屈肘交叉抱于胸前，左掌在内，右掌在外，两掌心斜向外，掌指向上；目视前方。（图 5）

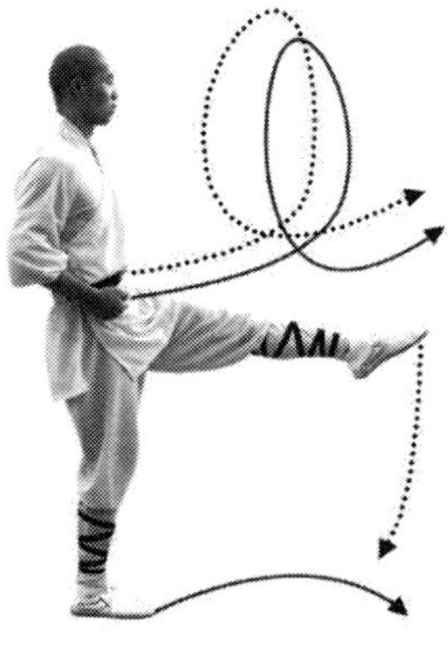

图 4

图 5

5. 倒踢北斗

两脚跳起，身体向右转 180 度，抬右腿向前弹踢；同时两掌变拳，左拳架于左肋外侧，拳心向右，拳眼向下，右臂屈肘，右拳紧抱于左肋前侧，拳心向内，拳眼斜向上；目视右脚。（图 6）

6. 魁星抱斗

右脚在身体右侧落地，同时左腿向前提起，成独立势；两拳同时由左向右再向上向左在胸前画弧（左拳内、右拳外），然后右拳举于头上右侧，拳心向前，左臂屈肘，左拳护于右腋下，拳心向内；目视左侧。（图 7）

图 6

图 7

7. 野马转峰

右脚原地不动，左腿向前猛力弹踢；两拳不变；目视左侧。（图 8）

8. 恶虎登山

左脚落地，两脚踉地，身体向左转 90 度，左腿屈膝成左弓步；右拳由后向前直臂冲出，拳心向下，高与肩平，左臂屈肘，左拳抱于左肋前下侧，拳心向上；目视右拳。（图 9）

图 8

图 9

9. 老虎坐洞

两脚踉地，身体向右转 90 度，抬右脚落于左脚后外侧半步，两腿屈膝全蹲成歇步；两拳变掌在胸前交叉，左掌在内、右掌在外画弧，右掌由左向下向右再向上横架于头上前方，掌心斜向上，掌指向左，左掌变勾手由右向左再向下甩于左后下方，勾尖向上；目视右侧。（图 10）

10. 雀地龙

起身，两脚起跳，落地成左仆步；左勾手变掌向左穿于左脚内

侧上方，掌心向前，掌指向左，右掌变勾手，后勾于右侧上方，勾尖向下；目视左侧。（图 11）

图 10

图 11

11. 元帅传令

起身，右脚不动，左脚收回成马步；左掌收回，屈肘于胸前，而后迅速向左直臂冲击，掌心向前，掌指向左；右勾手变拳，屈肘抱于右肩，拳心向内；目视左掌。（图 12）

图 12

12. 恶虎登山

两脚蹍地，身体向左转90度，左腿屈膝成左弓步；右拳由后向前直臂冲出，拳心向下，左掌变拳，屈肘收抱于左肋下外侧，拳心向上；目视右拳。（图13）

13. 梨花舞袖

两脚原地不动；左拳端于胸前，拳心向下，右拳由前向下再向右胯后侧甩击，拳心向上；目视前方。（图 14）

图 13

图 14

14. 野马弹踢

左腿直立，右腿抬起向前猛力弹踢；右拳不变，左臂屈肘，左拳护于左肋侧，拳心向下；目视前方。（图 15）

15. 恶虎登山

右脚前一步落地，屈膝成右弓步；左拳向前直臂冲出，拳心向下；右拳收回，屈肘抱于右肋下外侧，拳心向上；目视左拳。（图 16）

图 15

图 16

16. 梨花舞袖

两脚原地不动；左拳由前向下再向左胯后侧甩击，拳心向上，右臂屈肘，右拳护于右肩前，拳心向内；目视前方。（图 17）

17. 野马弹踢

右腿直立，速抬左腿向前猛力弹踢；两拳不变；目视前方。（图 18）

图 17

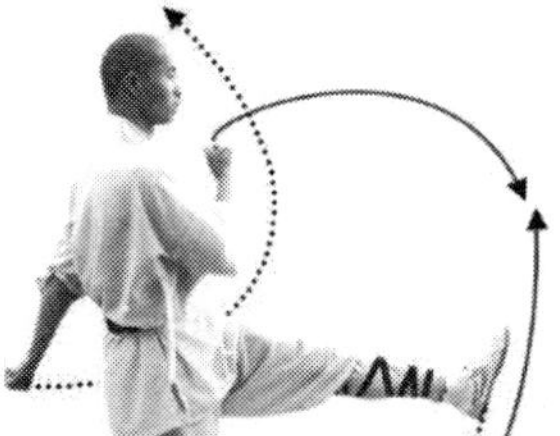

图 18

18. 紫燕钻云

左脚不落地，右脚离地跳起，向前上方弹踢；当全身腾空时，右拳变掌，向右脚面拍击；左拳变勾手架于左侧后上方，勾尖向下；目视右掌。（图 19）

19. 白猿孝母

两脚落地震脚，左脚向前上半步，脚尖点地，右腿屈膝，成左虚步；同时左勾手变掌下落于左前方，两掌同时向两侧外展，然后变勾手架于前方，左右手相距同肩宽，勾尖向下；目视两手。（图20）

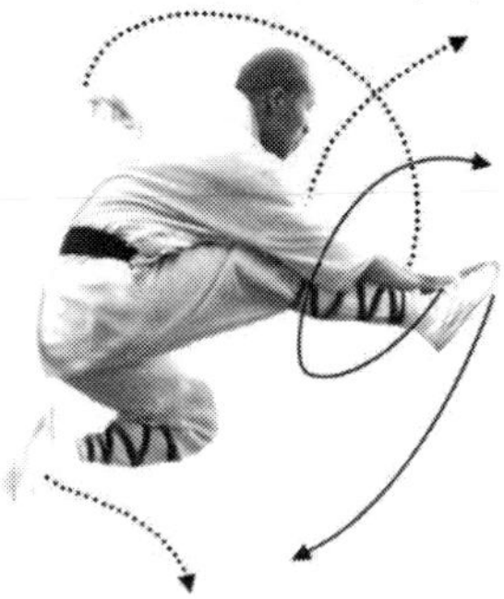

图 19

图 20

20. 野马行空

两脚离地跳起，当全身腾空时，右脚尽力向前上方蹬踢；同时两勾手变掌由两侧向下向后猛甩于身后两侧，掌心斜向上，掌指斜向后；目视前方。（图 21）

21. 老君封门

两脚前后落地，右腿屈膝成弓步；同时两掌由身后向前直臂推出，掌心向前，掌指向上；目视两掌。（图 22）

图 21

图 22

22. 将军勒马

两脚踝地，身体向左转 180 度，两腿屈膝成马步；两掌变拳，右拳由后向前下方猛力砸击，落于腹部前方，拳心向左，左拳抱于左肋外侧，拳心向内；目视右拳。（图 23）

23. 黄忠抢关

右脚抬起前移震脚，左脚迅速上步落于右脚前一步，两脚踝地，身体向右转 90 度，两腿屈膝半蹲成马步；同时左拳向左侧猛力冲出，拳心向下，右臂屈肘，右拳架于头上前方，拳心斜向前；目视左拳。（图 24）

图 23

图 24

24. 金龙旋云

两脚离地向左侧旋跳，身体向左转 270 度，右脚落地，左腿后抬；两拳在转体的同时迅速变掌旋转外展，然后推于身体前方，掌心向前，掌指向上；目视两掌。（图 25）

图 25

图 26

25. 闭门推月

左脚在后方一步落地，两脚踉地，身体向左转 180 度，左腿屈膝，

右腿蹬直，成左弓步；两掌随转体的同时由后向前直臂推出，掌心向前，掌指向上；目视两掌。（图 26）

26. 老虎坐洞

右脚上前移半步，两脚踝地，身体向左转 90 度成叉步，两腿屈膝全蹲成歇步；两掌收于胸前，左掌在内，右掌在外，交合画弧，然后右掌由前向下向右再向上横架于头上方，掌心斜向上，掌指向左，左掌由前向左变勾手甩于身后左下方，勾尖向上；目视左侧。（图 27）

27. 大鹏展翅

起身，两腿叉步不变，左勾手变掌，与右掌同时向两侧上方展开，两掌心向外，掌指向上；目视右掌。（图 28）

图 27

图 28

28. 野马弹踢

两脚踝地，稍向左转，速抬左脚向前弹踢，两掌同时握拳，屈

肘抱于两肋前，两拳心向内；目视前方。（图 29）

29. 仙人坐洞

左脚落地，右脚迅速向左脚后外侧移半步成叉步，两腿屈膝全蹲成歇步；同时两拳变掌，在胸前交合，左掌在外，右掌在内，然后向上再向两侧外展，最后交叉成双护手，护于两肩，左掌在外，右掌在内，两掌心向内，掌指斜向外；目视前方。（图 30）

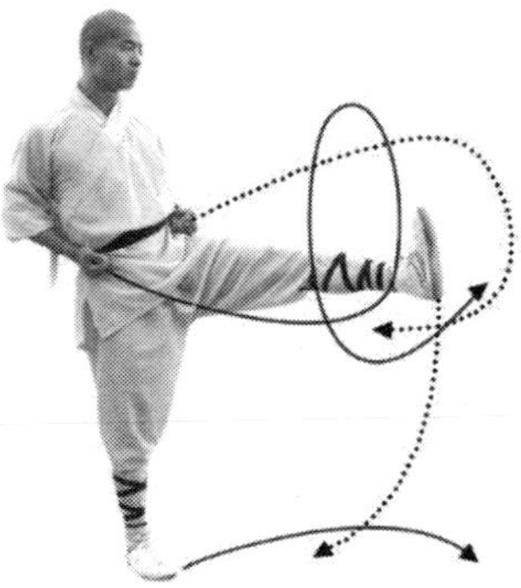

图 29

图 30

30. 大鹏展翅

起身，两掌向左右两侧外展，两掌心向外，掌指向上；目视右掌。（图 31）

31. 野马弹踢

两脚蹍地，身体向左转 180 度，速抬左脚弹踢；两掌同时握拳，屈肘抱于两肋外侧，拳心向内；目视前方。（图 32）

图 31

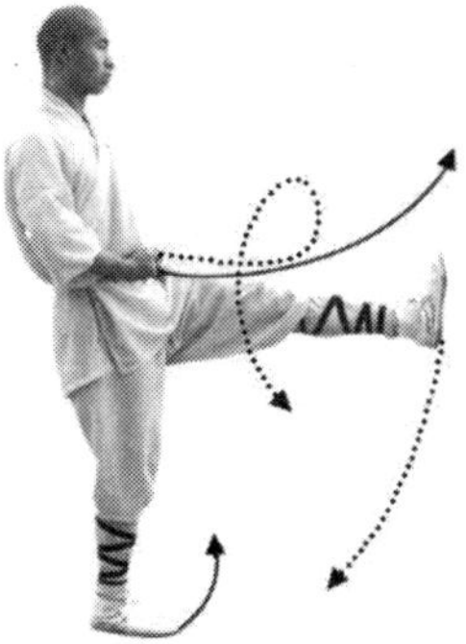

图 32

32. 恶虎登山

左脚前一步落地，屈膝成左弓步；右拳由后向前直臂冲出，拳心向下，拳高与肩平，左拳不变；目视右拳。（图 33）

图 33

33. 恨夫来迟

右脚原地不动，左脚收回半步，脚尖点地，右腿屈膝，成左虚步；两拳变掌，右掌由前向上向后劈掌，屈肘护于左肋前，掌心斜向

下，掌指向左；左掌前推，掌心向前，掌指向上；目视左掌。（图34）

34. 过关斩将

左脚提起，向前移半步，右腿也迅速抬起，由后向前溜地泼踢，脚跟着地，脚尖翘起；同时两掌由后向前扒打，然后右掌落于右侧，掌心向下，掌指斜向下，左掌变拳收回于左肋前，拳眼向上；目视前方。（图35）

图 34

图 35

35. 罗汉铁臂

两脚蹍地，身体向左转 180 度，抬右脚原地震脚，左脚向左横跨半步，屈膝成左弓步；同时右掌变拳，两拳由后向上向左下方猛力砸击，右拳在下，屈肘横架，拳心向下，左拳在上，直臂压击右小臂，拳心向下；目视右拳。（图 36）

36. 黄忠抢关

抬右脚向左横移半步，震脚落地，左脚向左横跨步落地，两腿

屈膝成马步；同时左拳速向左侧直臂冲击，拳心向下，右臂屈肘，右拳架于头上前方，拳心斜向前；目视左拳。（图 37）

图 36

图 37

37. 金雕斜展翅

两脚踉地，身体向左转 90 度，抬右脚落于左脚前一步，两脚再踉地，身体向左转 90 度，同时左腿屈膝，成左弓步；两拳变掌屈肘收于胸前交合，左掌在内，右掌在外，然后再向左右两侧猛力展开，掌心向外，掌指向上；目视右掌。（图 38）

38. 白猿献书（右）

两脚踉地，身体向右转 90 度，抬右脚向前稍移步，落地屈膝成右弓步；右臂屈肘，右掌收回胸前，再直臂向前推出成正立掌，掌心向前，掌指向上；左臂屈肘，左掌收回护于左肋下，掌心向内，掌指向前；目视右掌。（图 39）

图 38

图 39

39. 白猿献书（左）

右脚不动，左脚向前上一步，屈膝成左弓步；左掌由后向前直臂推出成正立掌，掌心向前，掌指向上；右臂屈肘，右掌收回护于右肋下，掌心向内，掌指向前；目视左掌。（图 40）

40. 二郎担山

两脚蹍地，身体向右转 90 度，右腿屈膝成右弓步；左臂屈肘，左掌收回胸前与右掌交叉，而后两臂猛力向左右两侧外展，两掌心向外，掌指向上；目视右掌。（图 41）

41. 金豹扣爪（右）

右腿伸直，速抬左脚向前扣踢；右掌由右向左拍左脚面，掌心向下，掌指向前；左掌外展于左侧，掌心向外，掌指斜向上；目视左脚。（图 42）

图 40

图 41

图 42

42. 金豹扣爪（左）

左脚落地，右脚抬起向前扣踢；左掌由左向右拍击右脚面，掌心向下，掌指向前；右掌外展于右侧，掌心向外，掌指斜向上；目视右脚。（图 43）

43. 大鹏斜飞

右脚下落于左脚后一步，左腿屈膝成左弓步；右掌由后向前猛力推出成正立掌，掌心向前，掌指向上，左掌展于身后左侧，掌心斜向后，掌指向上；目视右掌。（图 44）

图 43

图 44

44. 白猿献书（右）

两脚原地不动；左掌由后向前猛力推击，掌心向前，掌指向上；右掌收回，屈肘护于左肘前，掌心向内，掌指斜向外；目视左掌。（图 45）

45. 二郎担山

两脚蹍地，身体向右转 180 度，右腿屈膝成右弓步；左臂屈肘，左掌收回胸前与右掌交叉，而后两臂猛力向左右两侧外展，两掌心向外，掌指向上；目视右掌。（图 46）

图 45

图 46

46. 大鹏展翅

右脚抬起，原地震脚，左脚前上半步落地成叉步；右掌由前向上向后下方抡展，然后平展于前方，掌心向前，掌指向上；左掌由后向下向左上方抡展，然后平展于后方，掌心向后，掌指向上；目视右掌。（图47）

47. 青龙盘爪

左脚稍右转，抬右腿向前弹踢，同时速出右掌拍击右脚面；左掌由后向上再向前变拳，屈肘收抱于左肋外侧，拳心向上；目视右掌。（图 48）

图 47

图 48

48. 罗汉钻井

右脚落地，两脚踬地，身体向左转 90 度，抬左脚落于右脚后半步成叉步，两腿屈膝全蹲成歇步；右掌变拳直臂向右侧冲击，拳心向下，左拳横架于头上前方，拳心斜向前；目视右拳。（图 49）

49. 野马转峰

起身，右脚稍向左转，抬左脚向左侧弹踢；右拳冲于头上方，拳心斜向前，左拳收回护于右肋外侧，拳心向内；目视左脚。（图 50）

图 49

图 50

50. 天鹅下蛋

左脚在右脚前一步落地，左腿屈膝成弓步；右拳向下砸击，拳心向下；左拳在下迎接右小臂，拳心向下；目视右拳。（图 51）

51. 黄忠抢关

右脚抬起，震脚落地，左脚抬起向前上一步落地，两脚踝地，身体向右转 90 度，两腿屈膝成马步；左拳速向左侧直臂冲击，拳心向下，右臂屈肘，右拳架头上前方，拳心斜向前；目视左拳。（图 52）

图 51

图 52

52. 绷手摆踢

两脚踝地，身体向右转 90 度，抬右脚向右上方摆踢；同时两拳变掌拍击右脚面；目视两掌。（图 53）

53. 弯弓射雁

右脚向前一步落地，两脚踝地，身体左转90度，右腿屈膝成右弓步；两掌在胸前交合，左掌由后向前推出成立掌，掌心向前，掌指向

上，右臂屈肘，右掌护于右肋外侧，掌心斜向下，掌指斜向上；目视左掌。（图54）

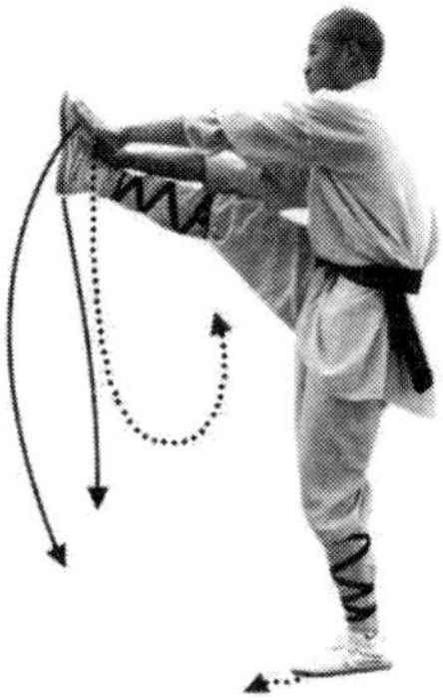

图 53

图 54

54. 迷糊手

抬右脚移于左脚前半步成虚步；两手由外向内交合成下叉手，左掌在内，右掌在外，掌心斜向下，两掌指斜向前；目视前方。（图55）

上述动作不停，右脚向后撤一步，落于左脚后，身体向右转180度；两手分开，再交合于胸前成下叉手，右掌在下，左掌在上，掌心向下；目视两掌。（图56）

上述动作不停，左脚向右移步，落于右脚前半步成左虚步；两手同时向外旋腕，然后右手由下向上架于头上前方，掌心斜向上，掌指向左，左手由下向后甩成反勾手，勾尖向上；目视左侧方。（图57）

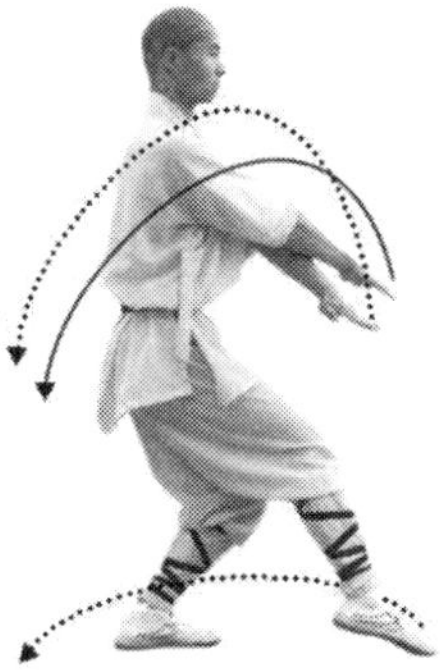

图 55

图 56

图 57

55. 罗汉还礼

左脚撤步，与右脚并拢站立；右掌下落于胸前，左勾手变掌由后前穿在胸前，与右掌交合成下叉手，然后右掌由前向右再向上横架于头上前方，掌心向上，掌指斜向左，左掌由前向上向左再向下端于左腹部，掌心向上，掌指向右；目视前方。（图 58）

56. 罗汉合十

两脚不动；左掌上举，与右掌共同外展，向两侧画弧，再向下向里上抱于胸前，成十字叉手，左掌在内，右掌在外，两掌心向外，掌指向上；目视前方。（图 59）

图 58

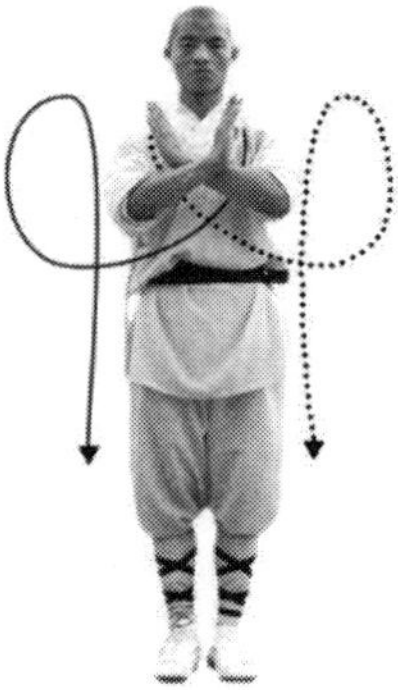

图 59

收　势

两脚不动；两掌下落再向外向上向里画弧，然后下落于两胯外侧，掌心向内，掌指向下；目视正前方。（图 60）

图 60